> les mémentos Foucher

Les **règles d'or** de la **négociation commerciale**

Patrick Roussel

Sommaire

1 LA NÉGOCIATION, QU'EST-CE QUE C'EST ?

11 C'EST LA RENCONTRE DE PROTAGONISTES...

▶ Toute négociation suppose deux protagonistes au moins, représentant leur intérêt propre ou celui d'un groupe.

▶ Chacun d'eux porte en lui tout un environnement interne qui influence ses choix et doit être pris en compte :
- éléments **sociologiques** : son entreprise, le groupe qu'il représente, sa fonction, son pouvoir et ses devoirs ;
- éléments **psychologiques** : ses valeurs, ses besoins, ses craintes et aspirations.

12 ...DISCUTANT D'UN ENJEU...

L'enjeu est l'objet même de la négociation. Il permet de satisfaire les besoins convergents ou divergents de chacune des parties.

Besoins convergents	Besoins divergents
Les parties recherchent la même chose dans l'enjeu de la négociation	Les parties recherchent quelque chose de différent dans l'enjeu de la négociation

Exemple

Les besoins par rapport à un même enjeu peuvent être divergents.

Cliente		Enjeu		Vendeur
besoin utilisation	←	produit	→	besoin marge

13 ...AVEC UN ÉCART DE POSITION...

▶ Au début de la négociation, il y a nécessairement un écart de position sur l'enjeu en fonction des intérêts et des objectifs respectifs des parties. C'est ce qui amène à négocier.

▶ Cet écart sur les positions initiales est d'ailleurs souvent tactiquement exagéré par les protagonistes pour se donner de la marge.

14 ...DISPOSANT D'UNE MARGE DE MANŒUVRE...

▶ L'existence d'une solution négociée dépend de la possibilité qu'ont les parties d'évoluer vers une zone commune acceptable pour chacune d'elles.

▶ Pour ce faire, elles doivent pouvoir disposer d'une marge de manœuvre leur donnant la possibilité d'arbitrer entre leurs besoins et de faire des concessions.

15 ...DE LA VOLONTÉ DE PARVENIR À UN ACCORD...

Pour que les protagonistes acceptent de rentrer en négociation, il est nécessaire qu'ils aient la volonté d'agir pour réduire l'écart qui existe entre leurs positions et parvenir ainsi à un accord.

16 ...DANS LE CADRE D'UN RAPPORT DE FORCES

Ce rapport est essentiel. Il a plusieurs dimensions :

- **sociale** : les statuts des deux protagonistes ;
- **psychologique** : la personnalité des individus ;
- **professionnelle** : les compétences spécifiques que manifeste chacune des parties ;
- **conjoncturelle** : la situation de négociation.

Pour que la négociation se déroule dans des conditions satisfaisantes pour les deux parties, il est préférable que ces rapports soient équilibrés.

Exemple de rapports déséquilibrés

Dimension	Exemples
Sociale	Un jeune vendeur stagiaire, face à un directeur informatique
Psychologique	En grande distribution, les acheteurs de centrales négocient souvent à plusieurs face à un seul vendeur
Professionnelle	Le vendeur en porte-à-porte peut facilement utiliser des techniques de vente forcée lorsqu'il se retrouve devant un particulier non-averti
Conjoncturelle	Le vendeur a déjà eu une proposition. Il est donc assuré de la vente et peut s'amuser à voir jusqu'où l'acheteur peut aller

En pratique : L'écart de position et la marge de manœuvre

La marge de manœuvre doit permettre un recouvrement, sinon il ne peut pas y avoir d'accord.

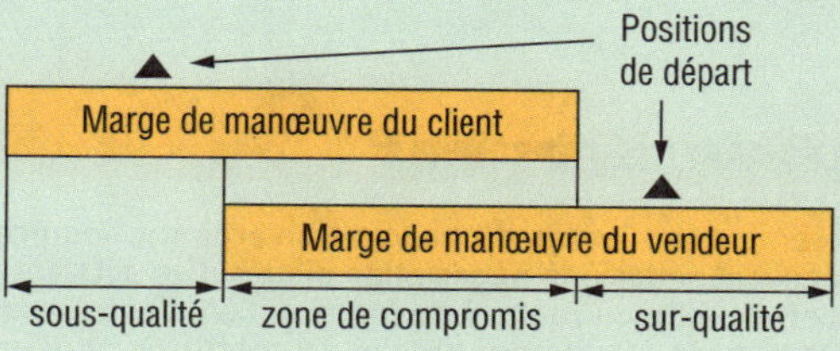

2 VERS UNE NÉGOCIATION GAGNANT - GAGNANT

21 NÉGOCIATIONS DISTRIBUTIVE ET INTÉGRATIVE

Négociation distributive	Négociation intégrative
Situation d'affrontement dans laquelle chacun des protagonistes cherche à obtenir la plus grande part d'un même gâteau	Situation de coopération dans laquelle les deux protagonistes cherchent ensemble à maximiser la solution globale
La négociation est considérée comme un **jeu à somme nulle**, c'est-à-dire une situation dans laquelle tout ce que l'un des protagonistes obtient, il l'acquiert au détriment de l'autre	La négociation est considérée comme un **jeu à somme croissante**, c'est-à-dire une situation qui permet d'augmenter le bénéfice mutuel de chacun
Les protagonistes sont donc des adversaires et chacun va tout entreprendre pour imposer son point de vue dans un contexte conflictuel	Les protagonistes sont des partenaires et leur attitude s'appuie sur un climat de confiance et de coopération au sein duquel les objectifs de chacun sont respectés
L'enjeu sera réparti en fonction du rapport de force au mieux 50 % - 50 % si le rapport de forces est équilibré	Dans la mesure où les protagonistes ne cherchent pas exactement la même chose dans l'enjeu, chacun d'entre eux peut obtenir 100 % ce ce qu'il recherche

22 LA POSITION SUR L'ENJEU

▶ La **négociation distributive** repose sur le postulat que la taille du gâteau ne peut pas être modifiée. C'est toujours le cas lorsque les deux protagonistes sont exactement intéressés par le même aspect de l'enjeu et qu'on se trouve en présence de besoins convergents.

▶ La **négociation intégrative**, elle, repose fondamentalement sur la possibilité de trouver des besoins divergents qui permettent d'augmenter la satisfaction de chacun (la taille du gâteau). C'est souvent possible lorsque le client est utilisateur.

Exemple : en grande distribution, chaque protagoniste est intéressé par la marge. La négociation y est donc distributive avec dominante acheteur. Les fabricants essaient donc de proposer des services associés pour sortir de cette logique et revenir vers une négociation intégrative.

23 LES ASPECTS PERSONNELS

Même dans le cas de besoins divergents, les protagonistes peuvent céder à la négociation distributive s'ils ont une culture personnelle du rapport de force, si l'un d'entre eux est certain de gagner facilement en cas de conflit ou si, d'une manière générale, le rapport est très déséquilibré.

231 Les deux types de négociation

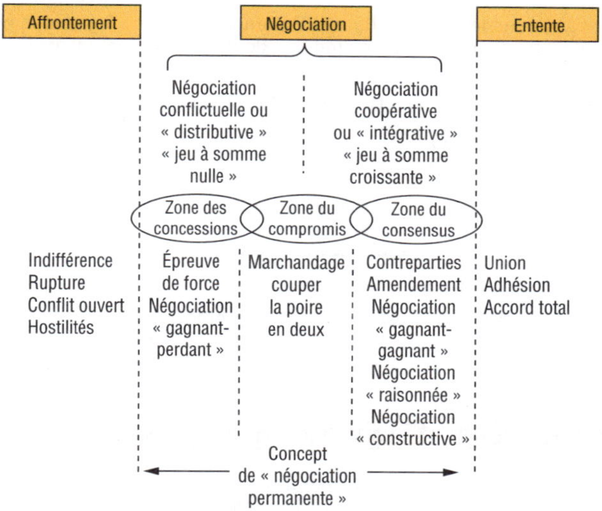

D'après *La négociation* - Lionel Bellanger - PUF

232 Stratégies distributive et intégrative

	Stratégie distributive	Stratégie intégrative
Conditions	Besoins convergent	Besoins divergents
Attitudes	Compétition, rivalité, prise de position ferme, méfiance, mauvaise foi, mensonge	Coopération, confiance, recherche de solution, échange, écoute, compréhension
Conséquences	Impact négatif sur la relation	Satisfaction des besoins de chacun

233 Les tactiques de la négociation distributive

▶ **Polémique :** confrontation verbale basée sur le rapport de force sans véritable lien avec l'enjeu concret de la négociation (opposition systématique, déviation du sujet, etc.).

▶ **Passage en force :** prise de contrôle lorsque le rapport de force n'est pas équilibré (intimidation, menace, agression, etc.).

▶ **Manipulation :** utilisation de stratagèmes (dissimulation, mensonge, généralisation, culpabilisation, etc.).

▶ **Disqualification :** attaque personnelle contre l'autre protagoniste (calomnie, procès d'intention, chantage, diffamation, etc.).

3 LA NÉGOCIATION INTÉGRATIVE, UN MODÈLE ?

31 UNE STRUCTURE : LE MODÈLE « 3C »

Le modèle « 3C » (Lionel Bellenger) propose 3 grandes phases successives dans une logique de négociation intégrative.

Consultation	Recherche et apport réciproque d'information
Confrontation	Quête de la meilleure solution possible pour les deux parties
Conciliation	Les deux parties cherchent un accord et le mettent en place

Chaque phase est elle-même décomposée en sous-étapes. On arrive ainsi à la structure classique de l'entretien de vente. Les phases sont complétées par des attitudes comportementales.

32 UNE ÉTHIQUE : LA NÉGOCIATION RAISONNÉE

La négociation raisonnée d'Ury et Fisher est tout à fait représentative de l'état d'esprit de la négociation intégrative. Elle repose sur 4 principes fondamentaux :

321 Traiter séparément les personnes et le différend

L'intérêt d'une négociation est double : trouver une solution au différend et préserver la relation avec le partenaire. Pour cela, il faut éviter d'impliquer personnellement l'autre protagoniste.

322 Se concentrer sur les intérêts et non sur les positions

Derrière toute position (« je veux cela »), il y a une problématique (« j'ai besoin de cela »). Le vendeur doit donc plus s'attacher à découvrir quel est le problème du client qu'à le sonder sur ce qu'il recherche.

323 Imaginer des solutions procurant un bénéfice mutuel

Il s'agit de dégager un maximum de solutions novatrices en élargissant le champ des possibilités et de rechercher systématiquement le bénéfice mutuel.

324 Exiger l'utilisation de critères objectifs

Il existe deux catégories de critères objectifs :

- Les **critères d'équité** servent à developper ou évaluer une solution : pourcentage de réussite, prix, etc. Ils doivent être objectifs, factuels, acceptés et mesurables.
- Les **procédures équitables** servent principalement à trancher entre deux solutions : une procédure d'expertise par un tiers, par exemple, pour arbitrer entre deux possibilités différentes.

33 VERS UNE VENTE « GAGNANT-GAGNANT »

331 Du vendeur « baratineur » au vendeur « conseil »

▶ Traditionnellement, la conception de la vente est fondée sur l'**argumentation** du vendeur. C'est le concept de **vendeur « baratineur »** classique en négociation distributive.

▶ L'adoption d'une stratégie intégrative amène à privilégier la **recherche de besoins divergents** afin de pouvoir s'appuyer sur eux pour engager la négociation. L'argumentation laisse la place au questionnement.

▶ C'est le concept de **vendeur « conseil »** et de négociation **gagnant-gagnant**, c'est-à-dire « gagnant » à la fois pour le vendeur et pour le client.

332 Les trois phases et 7 étapes

Phases	Attitudes	Étapes
Consultation	***Ajustement :*** • avoir la volonté de s'informer et d'informer • être disponible • être tolérant • avoir la volonté de comprendre l'autre • être accessible • être à l'écoute • être capable de synthétiser	***1- Prise de contact*** ***2 - Découverte*** ***3 - Synthèse***
Confrontation	***Engagement :*** • oser affirmer • être intelligible • argumenter • réfuter • mettre en évidence les convergences et les contradictions	***4 - Argumentation*** ***5 - Traitement des objections***
Conciliation	***Arrangement :*** • rechercher les points d'accord • confirmer les points non négociables • viser le profit mutuel • accepter un type d'arrangement • assurer le maintien ou le renforcement de la relation	***6 - Conclusion*** ***7 - Prise de congé***

333 Un objectif pour chaque étape

Prise de contact	Créer un climat de confiance
Découverte	Découvrir la problématique du client
Synthèse	S'assurer de sa compréhension
Argumentation	Présenter la solution en termes de bénéfices client
Traitement des objections	Ajuster la solution
Conclusion	Obtenir la décision
Prise de congé	Conforter le client dans son achat

4 IDENTIFIEZ LES ÉTAPES D'UNE NÉGOCIATION

41 PRENDRE CONTACT

Vendeur : *Dominique Privat ? Bonjour. Jean Ferrand, de la société International Vidéo... Nous avions rendez-vous...*
Client : Ah ! Oui, bonjour. Je vous attendais. Asseyez-vous.
Vendeur : *Merci. Vous connaissez déjà International Vidéo, je crois...*
Client : Oui. J'ai acheté un caméscope chez vous l'an dernier.
Vendeur : *C'est donc vous qui vous occupez de ce type d'achats ?*
Client : C'est moi qui décide des investissements.
Vendeur : *Vous savez donc que nous sommes spécialistes de l'équipement vidéo à destination des entreprises.*
Client : Absolument !
Vendeur : *Monsieur Privat, vous m'avez dit au téléphone que vous aviez décidé de refondre vos méthodes commerciales. Vous désirez notamment utiliser de la vidéo pour assister vos vendeurs...*
Client : Tout à fait, c'est notre grand projet !
Vendeur : *Je suis là pour vous proposer une solution, mais avant cela j'aimerais d'abord que nous discutions un petit peu ensemble afin de mieux cerner votre situation.*

42 DÉCOUVRIR LES BESOINS

Vendeur : *Alors... parlez-moi un peu de votre projet...*
Client : Mes commerciaux disposent actuellement de photos pour montrer nos produits d'aménagement de bureau. Mais c'est insuffisant pour valoriser notre métier. J'ai donc eu l'idée d'un film montrant tout ce travail en situation réelle. Malheureusement, les clients ne sont pas toujours d'accord pour le voir ici. La solution serait donc de le faire chez eux... C'est pour cela que vous êtes ici.
Vendeur : *Vous recherchez donc un équipement vidéo que vos commerciaux pourraient emmener avec eux ?*
Client : C'est cela. Il faut que l'installation soit rapide et que ça marche au premier coup.
Vendeur : *Je comprends : immédiatement opérationnel...*
Client : Et léger : la majorité de nos commerciaux sont des femmes...
Vendeur : *Je vois... vous avez 6 commerciaux, je crois. Vous souhaitez équiper chacun d'entre eux ?*
Client : Cela dépend de l'investissement.

43 FAIRE LA SYNTHÈSE DE LA DÉCOUVERTE

Vendeur : *Bien sûr... Donc, monsieur Privat, vous recherchez un matériel vidéo facile à faire fonctionner chez vos clients et vous souhaitez que ce matériel soit léger et que chacun de vos 6 commerciaux soit équipé... si votre budget le permet. Nous sommes d'accord ?.. Voyez-vous autre chose ?*
Client : Non. On a fait le tour...
Vendeur : *Eh bien, monsieur Privat, je crois que j'ai exactement ce qu'il vous faut : le combo SONY 9010.*

44 ARGUMENTER

Vendeur : *Il s'agit d'un combiné magnétoscope-télévision transportable : deux appareils en un, et mieux encore : il peut fonctionner sur batteries rechargeables. Vous n'aurez pas besoin de demander une prise au client.*
Client : C'est bien. Et le poids ?
Vendeur : *Eh bien il pèse exactement 8 kg. C'est très facilement utilisable par une femme, sans aucun effort.*
Client : Et le prix ?
Vendeur : *800 € hors taxes l'unité. Qu'en pensez-vous ?*

45 TRAITER LES OBJECTIONS

Client : Hum... oui, c'est raisonnable. Mais vous savez, je ne suis pas sûr qu'un si petit appareil soit de qualité suffisante.
Vendeur : *La qualité est effectivement importante pour un matériel professionnel et c'est un souci permanent pour SONY. Le EVM 9010 dispose des derniers perfectionnements techniques en la matière. De plus, le format cassettes VHS8 qu'il utilise lui apporte sa supériorité technologique. Le son est enregistré en mode FM, ce qui satisfait les plus exigeants. Vos commerciaux disposeront là d'un outil vraiment professionnel.*

46 CONCLURE

Client : Cela a l'air bien.
Vendeur : *Eh bien, monsieur Privat, avec le Sony EVM 9010, vous disposez d'un appareil de qualité professionnelle, compact, léger, facile à transporter et immédiatement opérationnel pour un prix raisonnable. Alors parlons maintenant des quantités...*
Client : Je crois que je vais en prendre 6.
Vendeur : *Cela me paraît tout à fait adapté...*
(le vendeur remplit le bon de commande et le fait signer)

47 PRENDRE CONGÉ

Vendeur : *Voilà monsieur Privat. Le Sony EVM 9010 va vraiment vous faciliter la vie... Bien, voilà notre charte de services... Et voici notre numéro vert d'appel. Pour la livraison, cela sera sous 8 jours. Je vous appelle demain pour vous confirmer la date.*
Voilà ma carte. Vous pourrez m'appeler à tous moments si vous avez une question. Et je vous laisse la documentation. Est-ce que tout cela est clair ?
Client : Oui.
Vendeur : *Monsieur Privat, je vous souhaite une bonne journée.*
Client : Oui merci, au revoir.

5 PRÉPAREZ VOTRE NÉGOCIATION

51 FAITES DES RECHERCHES

Une bonne préparation commence d'abord par une bonne information :

Sur son marché	Volume des structures de l'offre et de la demande, concurrence, distribution, évolution et spécificités
Sur son produit	Dans son sens le plus large de solution globale pour le client, l'offre comprend le produit, mais aussi les caractéristiques de la gamme, les conditions commerciales et l'entreprise elle-même
Sur son client et l'historique des transactions	• Interlocuteur client : le vendeur consultera la base de données informatiques de la société ainsi que le dossier du client • Interlocuteur prospect : il n'a jamais été contacté avant la prise de rendez-vous. Le commercial ne dispose que de quelques renseignements obtenus lors de la qualification par le téléopérateur

511 Maîtrisez votre produit

Les produits eux-mêmes	Caractéristiques spécifiques de chacun d'entre eux et surtout les avantages d'utilisation et la problématique des acheteurs de ce type de produit
La position des produits	Positionnement par rapport à la concurrence en termes d'avantages et d'inconvénients pour le client, position dans le cycle de vie, etc.
Les prix des produits	Prix de vente conseillé, prix de vente miminum, coût de revient, possibilités de remise selon le volume, etc.
La gamme de produits	Ensemble des produits caractéristiques de la gamme, positionnement de chacun des produits dans la gamme, politique de développement, etc.
L'environnement commercial des produits	Conditions commerciales (livraison, règlement), garantie, service après-vente, etc.
Les services associés	Service gratuit ou payant (assistance technique, *hot line*, contrat d'entretien, etc.)
L'entreprise	Histoire, place sur le marché, positionnement, notoriété, image, politique commerciale, évolution quantitative et qualitative, etc.
Les références	Clients de l'entreprise, utilisateurs, prescripteurs pouvant être considérés comme crédibles par le client

512 Connaissez votre client

▶ **Informations d'identification**
Elles permettent d'identifier et de contacter le client.
Ce sont : raison sociale, adresse, téléphone, fax, e-mail, etc.

▶ **Informations de qualification**
Elles permettent de qualifier le comportement général du client. Qui est acheteur ? De quoi ? Quand et où ? Pour combien ? Comment ? Pourquoi ?

▶ **Informations historiques**
Elles permettent de conserver la place des transactions passées.
– Historique de prospection (publipostages, contacts téléphoniques, visites, commandes, etc.).
– Historique des ventes (commandes passées, C.A. annuel, litiges, etc.).

En pratique
Évaluer la valeur d'un prospect :

Valeur prospect =
Probabilité d'achat en % x C.A. potentiel par commande
x nombre de commandes

52 DÉFINISSEZ LES OBJECTIFS DE L'ENTRETIEN

Le but d'une visite n'est pas forcément de vendre. Mais il faut toujours éviter d'aller voir un client sans objectif.

▶ **Objectifs qualitatifs** : prendre un premier contact, qualifier le prospect, découvrir ses besoins, son profil, faire une proposition, un devis, fidéliser, intervenir en SAV, etc.

▶ **Objectifs quantitatifs** :
– Objectif principal : vente maximum possible.
– Objectif(s) de repli : positions intermédiaires jusqu'à la vente minimum.
– Objectif complémentaire : par exemple, vendre un produit ou un service associé, se faire recommander auprès d'autres prospects.

En pratique
Avant d'aller voir un client, il est bon de se poser 3 questions :
1. Quel est le maximum que je peux exiger sans me rendre ridicule ?
2. Quel est le minimum que je peux proposer en restant digne d'intérêt ?
3. Quelle est la concession maximale que je peux accepter ?

Exemple
Un particulier non-demandeur qui possède un micro-ordinateur de trois ans pourrait avoir une valeur de : 30 % × 1 000 € × 1 = 300 €.
Un client réalisant chez nous en moyenne une commande mensuelle de 5 000 € pourrait avoir une valeur de 90 % × 5 000 € × 12 = 54 000 €.

53 DÉFINISSEZ UNE STRATÉGIE GAGNANTE

531 Choix d'une stratégie intégrative

La stratégie intégrative est préférable car c'est celle qui procure le plus de satisfaction aux deux parties. Mais elle n'est pas toujours possible. Cela dépend de trois critères :

La position des protagonistes sur l'enjeu	Si les protagonistes ont des besoins convergents, ils ne peuvent que se partager le gâteau et la stratégie ne peut être que distributive
Leur rapport de force	Une forte domination d'une des parties la poussera à la stratégie distributive car c'est celle qui lui permettra d'atteindre le plus facilement ses objectifs
Leurs objectifs	Une vision à court terme (faire un coup) amène plus facilement à une stratégie distributive. Une vision à long terme suppose une satisfaction persistante des parties et facilite l'adoption d'une stratégie intégrative

532 Les différents « chapeaux »

La recherche d'une divergence dans les besoins passe par l'exploration systématiques de différents « chapeaux » que peut coiffer l'interlocuteur par rapport au type de problèmes que ma solution peut résoudre.

Chapeau « client de l'entreprise »	En quoi j'apporte un bénéfice aux clients de l'interlocuteur et favorise le développement de ses ventes
Chapeau « marché concurrence »	En quoi j'apporte à mon client un avantage par rapport à ses propres concurrents et favorise le développement de ses parts de marché
Chapeau « entreprise »	En quoi je favorise la politique de l'entreprise (commerciale, sociale, financière, etc.) ou apporte un plus à ses membres
Chapeau « fonctions interlocuteurs »	En quoi je valorise la fonction de l'interlocuteur et favorise ses ambitions professionnelles
Chapeau « utilisateurs »	En quoi je satisfais les utilisateurs du produit dans l'entreprise
Chapeau « personnalité de l'interlocuteur »	En quoi je comble les attentes personnelles et les motivations d'achat de mon interlocuteur

Une stratégie de négociation peut facilement être dégagée en mettant en évidence deux ou trois chapeaux privilégiés.

54 PRÉPAREZ VOS OUTILS D'AIDE À LA VENTE

On appelle outils d'aide à la vente, l'ensemble des documents et matériels que le vendeur utilise pour faciliter ces négociations. Ces outils subissent actuellement une forte évolution.

541 Les outils d'aide à la vente

- **Fiche-client** : pour se remémorer les informations concernant le client.
- **Carte de visite** : pour faciliter l'identification.
- **Plan de découverte**, argumentaires et guides-réponses aux objections : aide-mémoires.
- **Calepin** : pour prendre des notes.
- **Brochures**, produits, échantillons : pour présenter le produit.
- **Documentation commerciale** : pour conclure l'accord.
- **Agenda** : pour mettre la vente en place.
- **Calculatrice** : pour évaluer le bon de commande.

542 L'évolution des outils d'aide à la vente

► On dispose aujourd'hui d'outils qui illustrent le produit de manière vivante et mettent le client en situation d'utilisateur (simulations produits en 3D, vidéos de démonstration, etc.)

► On peut aussi en temps réel savoir via Internet quelles sont les disponibilités du produit, les délais et jusqu'à quel prix descendre en restant dans ses objectifs de marge.

► Lorsque l'accord est finalisé, le bon de commande est traité en temps réel par le siège social.

55 PRÉPAREZ-VOUS PHYSIQUEMENT ET MENTALEMENT

551 La préparation physique

L'image que le vendeur donne de lui est celle que le client aura de l'entreprise qu'il représente. Il doit donc être particulièrement attentif à avoir une tenue adaptée. Cela ne veut pas dire qu'il doit être très bien habillé, mais qu'il doit être comme le client s'attend à ce qu'un vendeur le soit.

552 La préparation mentale

La préparation mentale est essentielle en négociation. Elle relève des techniques de visualisation positive dont l'objectif est d'inspirer confiance en soi. Comment convaincre un client si on doute soi-même d'y arriver ?

6 PRENEZ CONTACT AVEC LE CLIENT

61 VOTRE OBJECTIF

▶ Lorsque le vendeur se rend chez un client, il entre en contact avec une personne qui est très certainement en train de se demander si cela vaut la peine d'être ainsi dérangée.

▶ Il s'agit donc de se faire accepter et créer un climat de confiance. Sans la confiance du client, à la fois dans les capacités du commercial et dans le déroulement de l'entretien, il sera difficile au vendeur de réaliser une découverte correcte.

62 LES ÉTAPES

621 Procédez d'abord à l'identification

Clarifiez la situation, identifiez les protagonistes et restituez le « pourquoi » de l'entretien.

▶ **Contrôle** : assurez-vous que vous êtes en face du bon interlocuteur. Dites bonjour.

▶ **Présentation** : présentez-vous et présentez votre société.

▶ **Accroche** : rappelez l'historique de la relation.

> **Exemple**
>
> **Contrôle** : *« Monsieur Lupin ?.. Bonjour M. Lupin. »*
>
> **Présentation** : « *Bernard Lanvois de la société NET, spécialisée dans le nettoyage des véhicules industriels… »*
>
> **Accroche** : « *... Nous avions pris rendez-vous mercredi dernier… »*

622 Établissez ensuite les rôles

Votre prospect a une préoccupation ou un projet pour lequel vous et votre société pensez avoir une solution. Il faut l'en convaincre. Encore faut-il qu'il soit le vrai décideur, sinon l'entretien n'aura aucun intérêt.

▶ **Rôle de l'acheteur** : vérifiez si l'interlocuteur est le véritable décisionnaire.

▶ **Votre rôle** : exprimez une déclaration de compétences pour votre société et positionnez-vous comme l'interlocuteur crédible.

> **Exemple**
>
> **Rôle de l'acheteur** : *« Vous êtes le directeur des transports… Vous êtes donc bien le responsable pour toutes les décisions concernant les véhicules ? »*
>
> **Votre rôle** : *« Connaissez-vous la société NET ? Vous savez que nous sommes leaders sur le marché du nettoyage industriel de véhicules. Nous travaillons notamment pour Calberson et La Poste. Moi-même, je viens vous voir en tant que responsable du secteur. »*

623 Mettez enfin l'entretien en place

Votre prospect se demande si vous n'allez pas lui faire perdre son temps. Rassurez-le !

► **Problème-solution** : exposez au client un problème général ou un problème spécifique qu'il a exprimé lors de la prise de rendez-vous.
Formalisez le but de votre visite sous forme de résultat à atteindre par rapport à ce problème. Dites au client ce qu'il va y gagner.

► **Déroulement** : expliquez le processus que vous comptez suivre. Vérifiez l'accord du client.

Exemple

Problème-solution : « *Vous disposez d'un parc très important, M. Lupin. Je sais par expérience que ça n'est pas facile d'assurer l'entretien d'une telle flotte et que cela nécessite souvent beaucoup de temps… et d'argent…*
Notre société a mis au point un nouveau système de nettoyage qui devrait vous intéresser… Seriez-vous d'accord pour que nous en discutions ensemble ? »

Déroulement : « *Cela prendra une demi-heure. Nous aboutirons ainsi à une proposition parfaitement adaptée à vos besoins que nous pourrons examiner ensemble… Pour cela j'ai besoin de vous poser quelques questions pour mieux vous connaître, vous-même, vos méthodes et votre société…* »

63 LES « PLUS » COMPORTEMENTAUX

+ Regardez votre client dans les yeux et souriez.
+ Avancez sans précipitation et serrez sa main avec franchise.
+ Respectez son territoire : n'envahissez pas son bureau.
+ Donnez votre carte commerciale : votre nom sera sous ses yeux.
+ Posez votre mallette discrètement par terre.
+ Synchronisez votre attitude et votre voix sur celles du client.

64 LES OUTILS DE LA PRISE DE CONTACT

- **Fiche client** : pour se remémorer les informations concernant le client.
- **Carte de visite** : pour faciliter au client la mémorisation de votre nom et celui de l'entreprise.

7 MAÎTRISEZ LE NON-VERBAL

71 LA RÈGLE DES « 4X20 »

Les 20 premières secondes	C'est à ce moment que l'acheteur se forge une première idée de vous. Si elle est négative, il vous faudra longtemps avant de pouvoir la modifier
Les 20 premiers pas	Avancez d'une démarche assurée, offrez votre main et serrez la sienne fermement et brièvement en vous présentant. Attendez une invitation avant de vous asseoir. Donnez votre carte de visite. N'empiétez pas sur son espace vital
Les 20 centimètres du visage	Regard franc et sourire de quelqu'un qui va rencontrer un partenaire futur. Le sourire est la porte ouverte à la communication
Les 20 premiers mots	Méfiez-vous de l'inspiration. Elle vous amènera à prononcer des phrases maladroites. Suivez bien les trois étapes de la prise de contact

72 LA PROXÉMIQUE

721 Qu'est-ce que la proxémique ?

La proxémique est l'étude des distances interpersonnelles dans la communication. On distingue trois catégories de distance :

Zone intime (< 50 cm)
Communication intime avec des proches
chuchotement, connivence, exclusion des tiers, gestes de contact, synchronisation forte.

Zone sociale (entre 50 cm et 1,50 m)
Communication interpersonnelle courante
synchronisation plus ou moins importante selon la relation (voix, gestes, attitudes, et registre de langage).

Zone publique (>1,50 m)
Communication avec un groupe
Voix forte, gestes marqués, communication très contrôlée.

722 La « bulle »

Au cours d'un entretien de négociations, la zone intime constitue une barrière qui ne doit jamais être franchie. Cette distance s'appelle la **bulle** ou le **territoire** :
– tout individu ayant une bulle plus grande que vous supportera mal que vous pénétriez à l'intérieur et cherchera à s'éloigner ;
– inversement, tout individu dont la bulle est plus petite ne comprendra pas que vous vous éloignez de lui lorsqu'il s'approche de vous.

73 DÉCRYPTEZ LE NON-VERBAL

731 Stop !

© *Lisez dans vos clients à livre ouvert*, G. Nierenberg et G. Gschwandtner, Businessman/First, 1989, ISBN 2-87691-044-6.

► Ici, le vendeur empiète sur le territoire du client : il se « vautre » sur son bureau. Le client réagit en adoptant un paraverbal négatif.

► **Attitude de retrait**
- corps : en arrière ;
- tête : baissée et enfoncée dans le cou ;
- visage : fermé ;
- mains : en opposition : « stop ».

732 Allez-y !

© *Lisez dans vos clients à livre ouvert*, G. Nierenberg et G. Gschwandtner, Businessman/First, 1989, ISBN 2-87691-044-6.

► Le vendeur respecte le territoire du client : il est droit sur sa chaise et prend des notes sur ses genoux. Le client est en communication avec lui.

► **Attitude de communication**
- corps : en avant ;
- tête : inclinée en avant (implication) et sur le côté (écoute) ;
- visage : ouvert et souriant ;
- mains : en « explication ».

8 DÉCOUVREZ LES BESOINS DU CLIENT

81 VOTRE OBJECTIF

811 La problématique du client

Différents choix s'offrent au client : ne pas acheter, différer l'achat, acheter chez le concurrent ou acheter chez vous.

> 1. Acheter, c'est choisir, c'est renoncer aux autres solutions possibles.
>
> 2. Aucune solution n'est parfaite : chacune présente pour votre client des avantages et des inconvénients.
>
> 3. De la solution actuelle, le client perçoit surtout les avantages.
>
> 4. De la solution présentée, le client perçoit d'abord les inconvénients.
>
> Tout l'art du vendeur consiste :
> – non pas à présenter d'entrée de jeu sa solution (il risquerait l'affrontement) ;
> – mais au contraire à amener le client à reconsidérer sa solution actuelle et envisager celle qu'il va proposer.
>
> *L'entretien de vente* - R Moulinier - EO.

812 Le but de la découverte

Le vendeur doit donc faire exprimer par son client l'insatisfaction que lui procure finalement sa solution actuelle. Pour cela, il doit lui faire révéler :

- ▶ sa **problématique** (personnelle et/ou professionnelle), c'est-à-dire sa « **situation** » ;
- ▶ sa « **solution** »actuelle, le produit ou le service qu'il utilise ;
- ▶ l'**écart** en termes de satisfaction entre les deux, c'est-à-dire ses **besoins**.

Ainsi le vendeur pourra arrêter la découverte.

82 UN MOYEN : LE PLAN DE DÉCOUVERTE

Le plan de découverte doit recenser toutes les questions et les points à aborder lors de l'entretien. Il doit être préparé avant la vente.

821 Listez les points à explorer

Réfléchissez à l'ensemble des thèmes à aborder pour cerner la problématique du client et la solution à proposer.

822 Structurez cette liste en 3 parties

- ▶ Confirmez d'abord ce que l'on sait.
- ▶ Explorez ensuite la **situation actuelle et future** du client.
- ▶ Identifiez enfin sa **solution actuelle** et son degré de **satisfaction/insatisfaction** par rapport à ses attentes.

823 Prévoyez de la place pour noter les réponses

Un calepin vous permettra de mémoriser les réponses du client.

Exemple de plan de découverte : fenêtres en PVC

Introduction

Vérifiez les informations déjà obtenues

Questions	Réponses
Situation	
Connaissance de l'entreprise :	
Comment nous avez-vous connu ?	
Logement :	
Locataire ou propriétaire ?	
Depuis quand ?	
Comment cela se passe-t-il pour vous dans le quartier ? Dans la résidence ?	
Avez-vous pensé à déménager ?	
Famille	
Combien d'enfants ? Quel âge ?	
Que font-ils le mercredi ?	
Comment cela se passe-t-il ?	
Profession	
Monsieur et madame ?	
Activité ?	
Où ?	
Comment cela se passe-t-il ?	
Solution	
Démarches	
Connaissez-vous des gens qui ont acheté ?	
Comment cela se passe-t-il ?	
Pourquoi changer de fenêtre ?	
Avez-vous contacté des fabricants ?	
Qu'en avez-vous retenu ?	
Quels sont vos critères de choix ?	
Produit	
Avez-vous déjà vu ce type de fenêtres ?	
Que pensez-vous du PVC ?	
Motivations d'achat	
Quelles fenêtres souhaitez-vous remplacer ?	
Comment voyez-vous vos nouvelles fenêtres ?	
Qu'en attendez-vous ?	
Autre motivation ?	
Échéance	
Quand pensez-vous vous décider ?	
Mode de financement ?	
Montant de l'apport personnel ?	

83 LES OUTILS DE LA DÉCOUVERTE

- **Plan de découverte** : pour poser les bonnes questions.
- **Calepin** : pour prendre des notes.

9 DÉCOUVREZ LES MOTIVATIONS DU CLIENT

91 QU'EST-CE QU'UNE MOTIVATION SUBJECTIVE ?

Au-delà des besoins objectifs, la satisfaction des motivations psychologiques personnelles de votre client seront le déclencheur de l'achat : les gens n'achètent pas des produits ou des services, ils achètent de la satisfaction, c'est-à-dire, selon leur personnalité, de la tranquillité, de l'économie ou du confort.

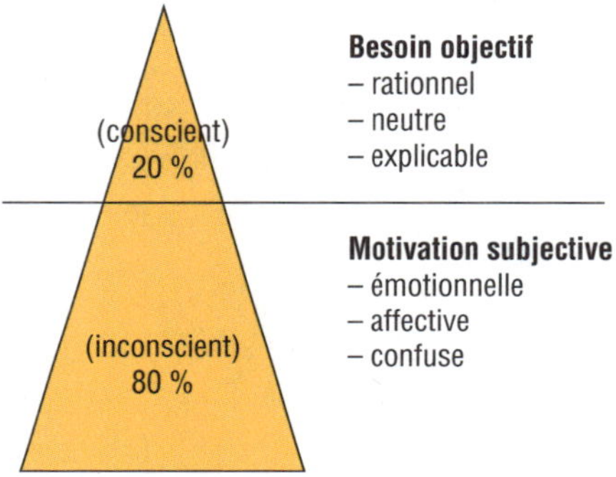

La décision

- ► Elle n'est jamais prise pour une seule raison.
- ► Elle doit satisfaire le besoin objectif et la motivation subjective.

92 UN MOYEN : LA TYPOLOGIE SONCAS

921 Définition

Pour s'aider à repérer les motivation d'achat de leurs clients, les vendeurs utilisent souvent des procédés mnémotechniques simples tel que le **SONCAS**.

Sécurité	Le client recherche la sécurité. Il veut être rassuré
Orgueil	Le client cherche le prestige. Il veut se démarquer des autres
Nouveauté	Le client est curieux, dynamique, aime les expériences nouvelles
Confort	Le client cherche le minimum d'efforts et le maximum de bien-être
Argent	Le client cherche les économies, le rapport qualité / prix
Sympathie	Le client achète par « coup de foudre » pour le produit… ou le vendeur

922 Caractéristiques des profils SONCAS

	Désirs	Craintes	Stimulants
S	La compétence, la fiabilité, le conseil, l'objectivité, la garantie	La décontraction, la jeunesse, les erreurs les négligences, être bousculé	Un argumentaire technique, la notoriété, les références produits
O	Sait ce qu'il veut, aime à conseiller, le standing, servir de référence	N'aime pas les critiques, l'ironie, les conseils, l'humiliation	La tenue soignée, les félicitations, un projet sur mesure, la déférence
N	La nouveauté, la publicité, le modernisme, les performances, la réussite	La routine, les hésitations, la fragilité, les directives	La publicité, les démonstrations claires et rapides, le langage technique
C	Références, fiabilité, fidélité, efficacité, facilité	Nouveauté, ennuis, retards, modifications, nouveau vendeur	Objectif de visite, climat sympathique, appui personnel, références, formules simples
A	La rentabilité, des conditions claires, la précision, les remises, les affaires	Les pertes de temps, l'incompétence, les promesses légères, les suppléments	La concision, un projet préparé, des preuves, l'argumentaire chiffré, l'objectivité
S	Les jeunes, les relations, les visites, être compris, l'estime réciproque	L'abus de confiance, la contestation, les gens intéressés	Avoir un rôle social, solliciter références, climat de confiance, réparer les erreurs

93 LE COCKTAIL SONCAS

- Les gens ont le plus souvent un cocktail composé de 2 caractéristiques SONCAS ou plus.
- Certains profils vont bien ensemble : sécurité et argent, nouveauté et sympathie.
- D'autres sont rarement conciliables : argent et sympathie, nouveauté et sécurité.

94 D'AUTRES TYPOLOGIES DE MOTIVATION

SABONE

Sécurité
Affection
Bien-être
Orgueil
Nouveauté
Économie

PICASSO

Pratique
Innovation
Considération
Avide
Sécurité
Sentimental
Orgueil

BESOIN

Bien-être
Égoïsme
Sécurité
Orgueil
Intérêt
Nouveauté

10 SACHEZ QUESTIONNER

101 FAITES PARLER POUR VOUS INFORMER

1011 Les questions ouvertes

Ce sont des questions qui ne limitent pas la réponse à quelques possibilités : elles concernent le **Quoi**, le **Comment**, le **Pourquoi**.

► ⊕ Incitent à parler et permettent donc d'obtenir des informations nouvelles.

► ⊖ Peuvent surprendre et provoquer un silence. À employer lorsque la confiance est établie.

> **Exemples de questions ouvertes : Quoi ? Pourquoi ? Comment ?**
> « Qu'attendez-vous de nous ? »
> « Qu'est-ce qui vous plaît dans… ? »
> « Comment faites-vous pour… ? »

1012 Les questions « miroir »

Elles consistent à répéter un des derniers mots du client afin de l'**orienter dans une direction**.

► ⊕ Utilisées pour approfondir, elles incitent le client à poursuivre.

► ⊖ Exigent une bonne intonation et se pratiquent à petite dose.

> **Exemples de questions « miroir » : Dernier mot ?**
> « Je connais assez mal le Club Méditerranée, seulement par "ouï-dire". »
> « Par "ouï-dire" ? »
> « Le Club Méditerranée ? »
> « Assez mal ? »

1013 Les questions « ricochet »

Leur but est de faire **préciser le sens des paroles du client**.

► ⊕ Construites sur les réponses de l'interlocuteur, elles font préciser des points qui restent flous.

► ⊖ Exigent une écoute attentive et des réflexes aiguisés.

> **Exemples de questions « ricochet » : C'est-à-dire ? Par exemple ? Mais encore ?**
> *Sur les noms* : « L'établissement aurait besoin d'une bonne rénovation. »
> *« Quel genre de rénovation ? »*
> *Sur les verbes* : « L'école n'est plus ce qu'elle était. »
> *« En quoi est-elle différente ? »*
> *Sur les adjectifs et les adverbes* : « Le plus tôt possible. »
> *« Pour quand le voulez-vous ? »*

102 FAITES PRÉCISER POUR APPROFONDIR

1021 Les questions fermées

Ce sont des questions qui limitent la réponse à quelques possibilités : « oui », « non », « 2000 », « 12 ans », etc.

▶ ⊕ Permettent d'enquêter : à réponses claires, réponses précises.

▶ ⊖ Mal dosées, elles risquent d'être vécues comme des inquisitoires.

> **Exemples de questions fermées : Qui ? Quoi ? Quand ? Combien ? Où ? Est-ce que ?**
> « Quelle couleur préférez-vous ? »
> « Quel est votre budget ? »
> « Combien d'unités ? »

1022 Les questions alternatives

Elles proposent un choix entre plusieurs possibilités.

▶ ⊕ Permettent d'orienter l'interlocuteur tout en lui donnant l'impression qu'il choisit sa réponse.

▶ ⊖ Les mêmes inconvénients que les questions fermées.

> **Exemples de questions alternatives : ...ou bien... ?**
> « Préférez-vous le rouge ou le bleu ? »
> « Allez-vous en vacances à l'étranger, à la mer ou à la montagne ? »

103 ASSUREZ-VOUS DE VOTRE COMPRÉHENSION

Les reformulations consistent à répéter ce qu'a dit le client et à poser une question de contrôle.

▶ ⊕ Essentielles pour la bonne conduite d'un dialogue, elles manifestent l'intérêt porté par le vendeur aux soucis du client.

▶ ⊖ À pratiquer à petite dose pour éviter l'effet perroquet.

> **Exemple de reformulation**
> « Vous souhaitez donc… C'est bien cela ? »
> « 1 000 € ? ... d'accord. »
> « Par chèque… Bien. »

104 LES « PLUS » COMPORTEMENTAUX

+ N'interrompez-pas le client avant qu'il n'ait complètement fini ce qu'il avait à dire.
+ Ne terminez pas les phrases à sa place, même si vous êtes certain d'en avoir compris le sens.
+ Utilisez la technique du silence lorsque votre client a fini de parler. Vous l'inciterez à poursuivre s'il a autre chose à dire.
+ Manifestez votre intérêt par le regard, le sourire, des hochements de tête ou des approbations.
+ Synchronisez votre attitude et votre voix.

11 GÉREZ VOTRE DÉCOUVERTE

111 PRATIQUEZ L'ENTONNOIR

Le questionnement se pratique selon un double « entonnoir » :
- au global, en abordant les thèmes du plan de découverte du plus général (situation) au plus précis (solution) ;
- pour chaque thème, en commençant par des questions ouvertes qui incitent le client à parler et en terminant par des questions fermées qui permettent de préciser.

Pratiquer l'entonnoir

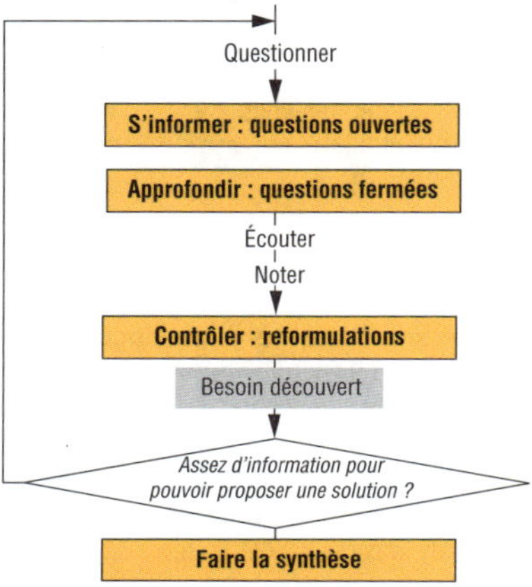

Exemple de questionnement en entonnoirs

Ouverte	**Vendeur :**	*Comment faites-vous avec votre copieur ?*
	Client :	Au début, chacun faisait ses photocopies. Mais il fallait voir la file d'attente devant le local ! et les problèmes de pannes... Alors on a adopté un système plus satisfaisant...
Ricochet	**Vendeur :**	*C'est-à-dire ?*
	Client :	Chacun remet les documents à copier à mon secrétariat qui fait les photocopies et un décompte est fait par service.
Miroir	**Vendeur :**	*Un décompte ?*
	Client :	Oui ! pour répartir le coût.
Fermée	**Vendeur :**	*Cela doit occuper vos secrétaires...*
	Client :	Cela leur prend pas mal de temps... Mais je ne vois pas d'autres solutions.
Fermée	**Vendeur :**	*Pas mal de temps ? Vous diriez 10, 20 % ?*
BESOIN	**Client :**	Plutôt 20 %.
Reformulation	**Vendeur :**	*20 % d'accord. Euh... Vous parliez de répartir les coûts... Comment procédez-vous ?*
Ouverte		

112 GÉREZ VOTRE CLIENT

Tous les clients ne sont pas forcément coopératifs. Pour gérer ces distractions, le vendeur dispose d'une batterie d'outils.

1121 Les ballons d'essai

Ils consistent à proposer une affirmation.

- ⊕ Permettent de faire parler le client récalcitrant.
- ⊖ Présupposent le sens de sa réponse.

Exemple de ballon d'essai : Ne pensez-vous pas que... ? Et si... ?

« Et si vous pouviez proposer des jeux, non seulement aux enfants, mais aussi aux parents ? »

1122 Les recentrages

Ils consistent à ramener le client sur un sujet précis.

- ⊕ Permettent de contrôler le client bavard qui s'égare dans une direction sans intérêt.
- ⊖ Nécessitent une bonne dose de doigté et une valorisation préalable du discours du client.

Exemples de recentrages : Tout à fait... Pour en revenir à... ? Nous disions que... ?

Client « Ah, vous savez, les jeunes d'aujourd'hui...

Vendeur *Eh oui, les temps changent ! Mais vous disiez tout à l'heure que votre hall était trop grand. Est-ce que... ?* »

Client « C'est difficile de trouver du bon personnel aujourd'hui...

Vendeur *Vous avez raison... Heu... pour en revenir à l'aspect esthétique de votre bureau, pensez-vous que... ?* »

1123 Les contre-questions

Elles consistent à répondre à une question par une autre question.

- ⊕ Permettent d'éviter d'aborder certains sujets.
- ⊖ Exigent de la souplesse.

Exemples de contre-questions

Client « Est-ce que vous avez du rouge ?

Vendeur *Du rouge ? Est-ce que la couleur est un élément important de la décision ?* »

Client « Oh, écoutez, assez de questions ! Quels sont vos prix ?

Vendeur *L'aspect budgétaire est-il une contrainte pour vous ?* »

12 FAITES LA SYNTHÈSE DE LA DÉCOUVERTE

121 VOTRE OBJECTIF

À l'issue de la découverte, il est essentiel de se mettre d'accord avec le client sur l'ensemble des aspects de sa problématique.

- Si la découverte a été longue ; il est bon d'en récapituler l'essentiel.
- Le vendeur montre ainsi au client qu'il s'assure qu'il a bien compris.
- C'est un bon point d'appui pour attirer l'attention du client et annoncer une solution.

122 LES ÉTAPES

Reformulez les besoins de votre client et annoncez votre solution. Vous obtiendrez ainsi le droit de vous lancer dans l'argumentation.

1221 Reformulez d'abord les besoins du client

Récapitulez les points essentiels de la découverte et les besoins non satisfaits du client. Cherchez systématiquement l'accord, même partiel.

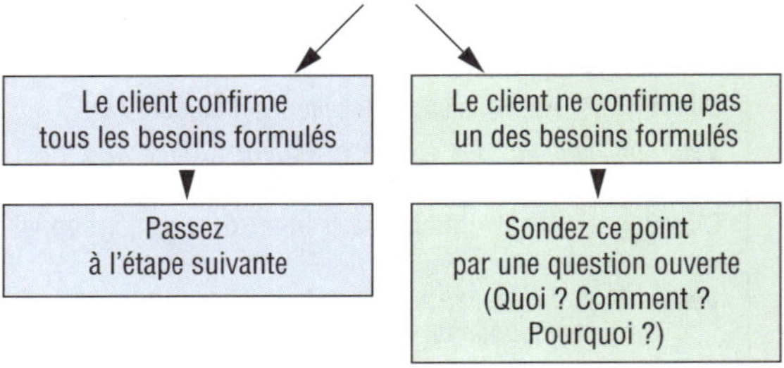

Exemple

Vendeur *M. Dubois, d'après ce que je comprends, vous souhaitez une solution reprographie qui vous permette de répondre à la demande croissante des enseignants : un volume pouvant aller jusqu'à 6 000 copies par mois et beaucoup plus rapide que l'actuel. C'est bien cela ?*

Client Oui.

Vendeur *De plus vous souhaitez pouvoir contrôler le nombre de copies faites pour répartir vos crédits sur les différentes sections tout en déchargeant votre secrétaire de ces soucis…*

Client Ce serait parfait.

Vendeur *Enfin, vous souhaitez pouvoir compter sur un vrai service après-vente et vous disposez d'un budget de 8 000 €. C'est bien cela ?*

Client Vous avez parfaitement résumé.

1222 Vérifiez ensuite que rien n'a été oublié

Il est possible qu'un plan de découverte insuffisant ou un questionnement trop fermé vous fasse passer à côté d'un besoin important. Verifiez que rien n'a été oublié.

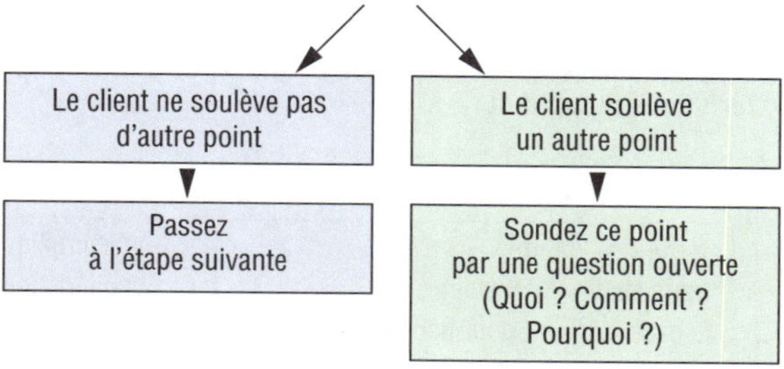

Exemple

Vendeur *Voyez-vous autre chose que nous n'aurions pas abordé ?*

Client Non, je ne crois pas.

1223 Annoncez enfin la solution

Une fois l'accord obtenu, vous pouvez annoncer au client que vous disposez de la solution qui lui convient.

Exemple

Vendeur *Eh bien… Je crois que nous avons la solution qui répondra à ces attentes. C'est le LT 4567, voyez plutôt…*

Exemple de synthèse :

① Reformulez les besoins du client

Vendeur *D'après ce que je comprends, il y a plusieurs aspects de votre distribution que vous voudriez améliorer. Tout d'abord, vous utilisez une multitude de services de livraison, y compris vos propres camionnettes, ce qui doit compliquer les choses. Surtout la paperasserie.*

Client Absolument.

Vendeur *Pour être plus précis, vos services longue distance ne me semblent pas assez souples et assez sûrs compte tenu de vos besoins. C'est bien ça ?*

Client Exact.

② Vérifiez que rien n'a été oublié

Vendeur *Voyez-vous autre chose que nous aurions pu oublier ?*

Client Non, c'est tout à fait ça.

③ Annoncez la solution

Vendeur *Eh bien, ensemble, nous pourrons faire beaucoup de choses pour améliorer votre organisation. Voulez-vous que nous en parlions ?*

13 PRÉPAREZ L'ARGUMENTATION

131 CARACTÉRISTIQUES ET AVANTAGES

▶ **Caractéristique**
Une caractéristique est une propriété objective et vérifiable du produit.

▶ **Avantage**
Un avantage est un bénéfice que peut tirer le client d'une caractéristique du produit.

Exemple

Terrain de 800 m^2	Caractéristique
Murs en béton cellulaire	Caractéristique
Espace suffisant pour une famille	Avantage
Parfaite isolation thermique et phonique	Avantage
850 000 €	Caractéristique
Longévité de la construction	Avantage
Portes et fenêtres PVC	Caractéristique
5 pièces plus garage	Caractéristique
Calme et tranquillité	Avantage
Charpente chêne massif	Caractéristique
Investissement raisonnable	Avantage

132 PRÉPAREZ UN ARGUMENTAIRE

L'argumentaire est la liste de toutes les caractéristiques du produit et des avantages correspondants. Il doit être préparé avant la vente.

▶ **Faites la liste des caractéristiques du produit**
Elles mettront en évidence les avantages qui en découlent.

▶ **Déduisez-en les avantages correspondants**
Il s'agit du « plus » que le client retirera de chaque caractéristique. C'est l'élément central de l'argumentation.

▶ **Déterminez le SONCAS adapté à l'argument**
Chaque avantage correspond à une motivation d'achat particulière. Pour cela, on peut utiliser la typologie SONCAS.

▶ **Structurez l'ensemble** :
- argumentaire entreprise
- argumentaire produits, éléments communs
- argumentaire produits, éléments spécifiques à chaque produit.

Les argumentaires produits doivent être entendus au sens large, caractéristiques commerciales comprises (conditions de livraison, remises, conditions de règlement, SAV, garantie, etc.)

▶ Remarque : une caractéristique peut avoir plusieurs avantages. Inversement, un avantage peut provenir de plusieurs caractéristiques.

133 UTILISEZ LE SONCAS DU CLIENT

Pour renforcer l'efficacité de vos arguments, utilisez un vocabulaire adapté à la typologie SONCAS de votre client.

Sécurité	Solidité, référence, garantie, démonstration, SAV...
Orgueil	Notoriété, numéro 1, premier, exclusif, personnalisation unique...
Nouveauté	Nouveau, précurseur, d'avant-garde, à la pointe, technologie de pointe...
Confort	Facilité d'utilisation, pratique, simple, fonctionnel, SAV, mise en service, démonstration...
Argent	Économique, remise, gain, investissement rentabilité, garantie...
Sympathie	Agréable, convivial, démonstration, plaisir, ludique...

Exemple d'argumentaire SONCAS pour une raquette de tennis

	Caractéristiques	Avantages	SONCAS
TECHNIQUES	Poids plume 400 g	Légèreté	Confort
	Renforcée en Kevlar (fibre high-tech)	Résistance aux chocs	Sécurité Argent
	Moyen tamis	Matériaux de pointe	Orgueil Nouveauté
		Plus facile pour les débutants	Confort Sympathie
	Poignée cuir	Meilleure prise de main	Confort
		Pas de transpiration ni d'ampoules	Sécurité Sympathie
	Cordage renforcé	Résistance	Sécurité Argent
	Plusieurs tailles	Adaptation au joueur	Sécurité Sympathie
COMMERCIALES	Modèle « Agassi »	Une signature prestigieuse	Orgueil Sympathie
	Garantie 2 ans	Qualité, absence de problèmes	Sécurité Argent
	Prix : 110 €	Bon rapport qualité prix	Argent
	Vente exclusive en magasins spécialisés	Qualité, conseil	Orgueil Sécurité

14 ARGUMENTEZ

141 CHOISISSEZ D'ABORD LA SOLUTION ADAPTÉE

► **Sélectionnez tout d'abord la solution** qui convient au client en fonction de ses **besoins** et **motivations d'achat**.
Si ce choix ne peut pas être fait, c'est que la découverte a été insuffisante. Il faut alors sonder le client sur les éléments qui manquent.

142 CHOISISSEZ ENSUITE LES ARGUMENTS PERTINENTS

► **Sélectionnez dans l'argumentaire les arguments** auxquels votre client sera sensible. Ils correspondent aux besoins objectifs et motivations subjectives exprimés lors de la découverte.

> « Le plus grand défaut des argumentations est d'être rigoureusement identiques, quelque soit le client rencontré. Alors, à quoi bon la découverte ?
> si vous voulez que votre argumentation produise de l'effet, ayez en permanence cette question en tête : « cet argument que je viens d'exposer à mon client : qu'est-ce que ça peut bien lui faire ? ».
>
> R. Moulinier : *L'entretien de vente* - EO

► **Pour chaque besoin découvert**, administrez un ou plusieurs arguments. Procédez ainsi besoin après besoin en contrôlant l'acceptation des arguments par le client.

Exemple
En reprenant l'entretien de vente (p. 9), vérifiez comment le vendeur fait coller l'argumentation aux besoins découverts.

Besoins	Arguments
Projeter un publi-reportage à ses clients	Combiné magnétoscope/ télévision portable
Matériel facile à installer	Pas besoin de raccordements Peut fonctionner sur batteries
Léger	8 kilos

143 STRUCTUREZ VOS ARGUMENTS

1431 Valorisez d'abord le besoin exprimé par le client

Le client a le besoin et vous disposez de l'avantage.

Exemple : « Vous m'avez dit, M. X que vous cherchiez à… Je crois en effet que c'est un élément déterminant du choix. »

1432 **Présentez la caractéristique correspondante**

Construisez votre argument à partir d'une caractéristique objective et vérifiable.

> **Exemple** : « La liaison avec l'ordinateur central vous permet de charger automatiquement les données dans les mémoires de vos micros. »

1433 **Complétez avec l'avantage personnalisé**

Collez à la problématique du client en mettant en évidence la satisfaction qu'il pourra tirer de l'usage du produit.

> **Exemple** : « Donc vous n'aurez plus à gaspiller un temps précieux à recopier manuellement ces données sur votre micro. »

1434 **Contrôlez enfin l'impact de l'argumentation**

Posez une question puis taisez-vous et attendez l'acceptation de l'avantage par le client.

> **Exemple** : « Qu'en pensez-vous ? » Silence… attendre la réponse du client !

Exemple d'utilisation d'argumentaire

Vous vendez la raquette dont l'argumentaire est situé page 29. Les trois besoins de votre cliente sont : une raquette facile pour une débutante, qui soit solide et prix raisonnable.

Argumentation (avec la raquette)

Besoin 1 *Argument 1*	*Cette raquette dispose d'un moyen tamis, c'est-à-dire une surface plus grande. Elle est donc plus facile à jouer pour une débutante et permet de progresser plus facilement. Voyez…*
Besoin 1 *Argument 2*	*De plus sa poignée cuir permet une prise de main plus facile. Elle évitera à votre fille transpiration et ampoules.*
Besoin 1 *Argument 3*	*Elle est disponible en plusieurs tailles, ce qui permet à une jeune fille de trouver la taille lui convenant exactement et de jouer beaucoup plus facilement.*
Besoin 2 *Argument*	*La structure et le cordage sont renforcés Kevlar, voyez… Cela lui confère une résistance tout à fait exceptionnelle, ce qui est particulièrement adapté à l'utilisation parfois maladroite des débutants.*
Besoin 3 *Argument*	*Enfin son prix de 110 € est tout à fait compétitif… Qu'en pensez-vous ?*

15 FAITES VIVRE VOTRE ARGUMENTATION

151 UTILISEZ LES AIDES À L'ARGUMENTATION

1511 La référence

L'idée est de produire une situation analogue à celle que rencontre habituellement le client et qui a été résolue par le produit vendu. Ne pas systématiser les références prestigieuses écrasant le client moyen.

1512 Le témoignage

Certaines personnes, des leaders d'opinion, ont un pouvoir d'entraînement. Leurs déclarations peuvent avoir un effet d'incitation qu'il est bon d'utiliser.

1513 L'explication

Si, pour vendre, vous employez des mots techniques, rappellez-vous que votre interlocuteur ne vous comprend peut-être pas. Il faut donc expliquer le sens donné à ces termes.

1514 L'image

Lorsque le produit est difficilement intelligible pour le client, on peut l'aider à se le représenter à partir d'une situation ou d'un produit familier. Par exemple, l'ordinateur se démarre en appuyant sur un bouton comme une machine à laver.

1515 L'illustration

Un dessin vaut mieux qu'une longue explication. Utilisez un classeur illustré de schémas ou de photos ou bien une présentation sur micro-ordinateur portable pour compléter visuellement vos propos. N'oubliez pas un bloc pour dessiner sous les yeux de votre client.

152 TRAVAILLEZ VOTRE VOCABULAIRE

- Évitez les termes négatifs ou flous.
- Préférez les paroles fermes, les mots positifs et les chiffres.

Non	Oui
On fera l'impossible	Je m'y engage
Vous faites erreur	Vous avez raison
On en vend beaucoup	Nous détenons 15 % du marché
Notre WX est très bien	Notre WX vous permettra…
Moins de dépense	20 % d'économie
Peu de panne	Fiabilité certaine
Vous avez ma parole	Jugez-en vous-même
On va essayer	Voici ce que nous ferons
Des facilités de paiement	Un crédit à 30 jours

153 PRATIQUEZ LA DÉMONSTRATION

► La démonstration est une argumentation standardisée réalisée en utilisant le produit comme support. Elle ne s'improvise pas et doit avoir été soigneusement préparée à l'avance.

► La démonstration doit être un processus par **étapes successives** (Phases), chacune des étapes étant caractérisée par un détail ou un argument remarquable (Point clé) **en association avec un geste** sur le produit.

Exemple de démonstration

Faire	Dire
Montrer la canette	*Cet emballage est fonctionnel. C'est un volume standard de 25 cl. Compact, il tient moins de place en stockage. Cylindrique, il tient dans les portes de réfrigérateur. Métallique, il est adapté aux distributeurs automatiques. Léger, il facilite la manutention.*
Montrer la décoration	*Le graphisme est moderne et gai.*
Mettre la bouteille entre les mains du distributeur	*Regardez l'étiquette informative : composition clairement expliquée et conformité aux dispositions légales.*
Reprendre la canette, la décapsuler et remplir deux verres. **Montrer**	*Écoutez le bruit caractéristique et rassurant de la boisson gazeuse.* *Observez la belle couleur rouge.*
Faire sentir	*Sentez la bonne odeur d'orange.*
Goûter d'abord par précaution puis faire goûter	*Vous éprouvez un agréable picotement dû à la gazéification parfaitement équilibrée…* *… ce qui en fait une boisson vivante, rafraîchissante et légère.* *Vous appréciez le goût naturel de l'orange.* *C'est une boisson qui va plaire aux jeunes.*

154 LES OUTILS DE L'ARGUMENTATION

- **Argumentaires, brochures illustrées** : pour faciliter l'argumentation.
- **Produit, échantillons** : pour présenter le produit.
- **Bloc** : pour illustrer vos propos.
- **Ordinateur** : pour les simulations ou diaporamas.

16 PRÉSENTEZ VOTRE PRIX

161 QUEL PRIX PRÉSENTER ?

1611 Tenez compte de la TVA

▶ On présentera le prix HT chaque fois que le client peut déduire la TVA. Dans ce cas, si le client dispose d'un budget, celui-ci sera considéré comme étant hors taxes.

Condition 1 : il s'agit d'une entreprise assujettie à la TVA.

Condition 2 : il s'agit d'un bien nécessaire à l'exploitation.

▶ On présentera le prix TTC chaque fois que le client ne peut la déduire. Si le client dispose d'un budget, celui-ci sera alors considéré comme étant TTC.

Exemple

– Administrations (lycées, ministères, mairies, etc.), particuliers (y compris par l'intermédiaire d'un C.E.) et la plupart des activités associatives, prix présenté TTC.
– Entreprises assujetties : biens non nécessaires à l'exploitation et donc non déductibles (voyages, cadeaux, voitures de tourisme, etc.), prix présenté TTC.
– Entreprises assujetties : biens nécessaires à l'exploitation et donc déductibles (machines, matière, voitures type « société »), prix présenté HT.

1612 Donnez le prix plafond

▶ Le prix de votre produit est certainement justifié, sinon votre entreprise aurait sûrement disparu depuis longtemps. Montrez donc que vous en êtes sûr.

▶ Pour le client, le prix que vous citerez en premier constituera inévitablement une base de négociation vers le bas. Il est donc indispensable de toujours indiquer d'abord le prix raisonnablement le plus élevé.

Oui	Non
« Elle sera à vous pour 329,57 € seulement, ruban couleur et mini disquette compris, livraison sous 24 heures par nos soins. »	« Il faut quand même compter plus de 300 €… »

1613 **Donnez le prix précis et de façon positive**

▶ Empilez bien les avantages acceptés par le client avant de présenter le prix. Il n'en paraîtra que plus justifié à ses yeux.

▶ Une formulation floue pourrait laisser croire au client que vous êtes prêt à négocier. Donnez donc le prix au centime près.

Exemple de présentation de prix

Vendeur *...Votre collègue, Monsieur Conte, proviseur du lycée Chaptal, a d'ailleurs retenu cette solution de compteur à carte pour son établissement. (silence).*

Client Et le prix ?

Vendeur *Eh bien il s'agit du EB 51285, la solution complète, 4 607 € TTC pour le copieur et 427 € pour le compteur avec 30 cartes. Ce qui nous fait 5 034 € TTC exactement. Cette solution comprend la livraison, la formation et l'installation gratuite sur site. Vous pouvez compter sur notre contrat spécial d'entretien d'une durée de 1 an, sans aucun frais supplémentaire. Pour vous, c'est un investissement raisonnable. (silence)*

Client C'est un peu au-dessus de mon budget... Mais pas tant que ça.

162 QUAND PRÉSENTER LE PRIX ?

▶ Ne présentez jamais le prix avant d'avoir présenté le produit. Vous ne seriez pas en mesure de traiter l'objection du client concernant le montant.

▶ Le meilleur moment pour présenter le prix se situe à la fin de l'argumentation. Le client est en mesure d'apprécier complètement l'intérêt que le produit représente pour lui. Il peut donc entrer dans la phase de discussion du prix avec l'ensemble des avantages présents à l'esprit.

▶ Si votre client désire parler du prix avant, différez la réponse en évitant de donner l'impression que vous redoutez d'aborder le sujet.

Exemple

Client Et le prix ?

Vendeur Nous allons bien sûr tout de suite parler du prix. Mais avant cela j'aimerais que vous ayez une idée parfaitement nette du produit et des bénéfices que vous en retirerez. Alors permettez-moi de vous présenter encore un dernier avantage du copieur 4567 B, un avantage décisif pour vous.

17 AGISSEZ FACE À L'OBJECTION

171 ACCEPTEZ L'OBJECTION

► Les objections sont ce qui fait le plus peur au vendeur débutant qui réagit souvent de façon inappropriée en contrant le client (« mais non !... »).

► Pourtant, quand il émet une objection, le client montre qu'il est intéressé par votre produit. Vous devez donc absolument éviter d'entrer dans un processus conflictuel qui pourrait bloquer l'entretien.

172 CLARIFIEZ L'OBJECTION

1721 Creusez

Votre client émet une objection. En avez-vous bien compris le sens ? Un questionnement ouvert vous permettra de vous en assurer, mais aussi de gagner le temps précieux qui vous permettra de trouver une réponse.

Exemple

Vendeur *Eh bien, il ne nous reste plus qu'à remplir ce bon de commande... (silence)*

Client Non... Écoutez... Je vais réfléchir !

Vendeur *Qu'est-ce qui vous préoccupe ?*

Client Je n'aime pas la couleur...

Vendeur *Vous n'aimez pas la couleur ?...*

Client Non, c'est trop foncé.

Vendeur *Vous auriez préféré quelque chose de plus clair ?*

Client Oui.

Vendeur *Il y a une raison particulière ?*

Client Je trouve que cela s'intègre mieux dans la pièce.

1722 Reformulez

Toute découverte de besoins suppose une reformulation. Contrôlez votre bonne compréhension de l'objection avant de la traiter !

Exemple

Vendeur *Vous souhaitez donc trouver une couleur qui s'harmonise parfaitement avec la décoration et les tons de la pièce...*

Client Oui...

173 VALORISEZ LE SOUCI DU CLIENT

L'objection du client traduit un souci réel qu'il ne faut pas sous-estimer. Valorisez ce souci. Le client vous sera reconnaissant de cette compréhension.

Exemple

Vendeur *Je comprends. Vous avez tout à fait raison. L'aspect esthétique est, bien sûr, un élément important dans ce type de décision.*

► Mais attention ! c'est le souci manifesté par le client qu'il convient de valoriser et non l'objection en elle-même !

Non	Oui
C'est vrai que nous sommes un peu cher.	C'est vrai que l'aspect prix est important.
Cette voiture est effectivement petite.	L'espace est effectivement essentiel.

174 QUALIFIEZ LA NATURE DE L'OBJECTION

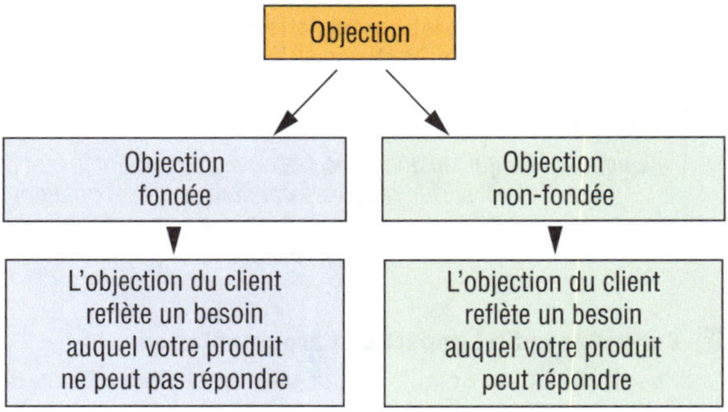

Exemple

Objections fondées

– Votre client veut un meuble bleu. Vous n'avez pas de bleu.

– Votre solution est plus chère ce que le client voulait investir. Vous ne pouvez pas faire de remise.

– Votre client trouve que l'aspect de votre produit n'est pas beau.

Objections non-fondées

– Votre client veut un meuble bleu. Vous disposez de trois bleus différents.

– Votre client trouve qu'un baladeur en plastique est trop fragile. Le vôtre est en plastique incassable.

– Votre client pense que vous êtes plus cher que les concurrents. Il ignore que vous avez aligné vos prix.

18 TRAITEZ L'OBJECTION

181 TRAITEZ L'OBJECTION NON FONDÉE

Si l'objection n'est pas fondée, vous vous trouvez en présence d'un besoin auquel votre produit peut répondre. Il suffit alors tout simplement d'argumenter (pages 28 à 33) :

> **Exemple d'objection non fondée**
>
> **Client** Vous savez, je ne suis pas sûr qu'au service informatique ils apprécieront que tout un chacun puisse avoir facilement accès à ce que contient la base de données de la société.

1811 Présentez d'abord la caractéristique correspondante

Construisez votre argument à partir d'une caractéristique objective et vérifiable.

> **Exemple**
>
> ***Vendeur*** *Nous avons remédié à ce genre de choses. Vos données seront protégées. Avec notre Intranet, accéder à des données confidentielles n'est pas facile. Des procédures de sécurité et de contrôles d'autorisation ont été intégrées au système.*

1812 Présentez ensuite l'avantage personnalisé

Collez à la problématique du client en mettant en évidence la satisfaction qu'il pourra tirer de l'usage du produit.

> **Exemple**
>
> ***Vendeur*** *Ce qui fait que seuls ceux qui connaissent le mot de passe exact seront reconnus par l'ordinateur et obtiendront l'accès. Je suis certain que les gens du service informatique n'y trouveront rien à redire !*

1813 Contrôlez enfin l'impact de l'argumentation

Posez une question puis taisez-vous et attendez l'acceptation de l'avantage par le client.

> **Exemple**
>
> ***Vendeur*** *Cela répond à votre question ?*
>
> **Client** Oui.

182 TRAITEZ L'OBJECTION FONDÉE

Si l'objection est fondée, vous vous trouvez en présence d'un besoin auquel votre produit ne peut pas répondre. Toute solution a ses avantages et ses inconvénients. Alors aidez votre client à arbitrer entre ses différents besoins en présentant votre solution sous son meilleur jour : minimisez dans son esprit la portée réelle du problème et compensez-le par les avantages qu'il a déjà acceptés.

1821 Minimisez la portée de l'objection

Relativisez le poids de l'objection dans la décision.

Exemple

Client À ce prix, je suis hors budget ! Je vous rappelle que je dispose de 4 500 €.

Vendeur *M. Butin, il s'agit d'un dépassement de 530 € sur un investissement à 3 ans. C'est moins de 180 € par an, soit 15 € par mois ! Le papier coûte plus cher !*

Client Oui… c'est vrai…

1822 Compensez par les avantages acceptés

Votre client a accepté des avantages de la solution que vous venez de lui proposer. Rappelez-les lui : ce sont à eux qu'il devra renoncer s'il privilégie l'objection.

Exemple

Vendeur *Êtes-vous d'accord que pour 15 € par mois, vos enseignants pourront enfin reproduire aussi rapidement qu'ils le souhaitent les polycopiés qu'ils veulent ? Et qu'ainsi cette solution permettra une économie substantielle de temps et d'argent ?*

Client Oui, bien sûr…

Vendeur *Et… vous pouvez disposer de tous ces avantages dès demain car nous livrons ce matériel en 24 heures avec un SAV exceptionnel.*

Client C'est vrai…

1823 Contrôlez l'impact de votre traitement

Posez une question puis taisez-vous et attendez l'acceptation du traitement par le client.

Exemple

Vendeur *Qu'en pensez-vous ? Cela ne vaut-il pas 15 € par mois ?*

19 ET L'OBJECTION PRIX ?

Le traitement de l'objection prix est essentiel car il arrive habituellement en fin d'entretien et peut servir de point d'appui à la conclusion de la vente.

191 QUALIFIEZ L'OBJECTION DU CLIENT

Le client obéit à des motivations qu'il vous faut qualifier.

▶ Il a déjà reçu une offre concurrente qu'il vous faut absolument évaluer avant d'essayer de traiter l'objection.

▶ Il n'a pas réellement conscience de la valeur du produit.

▶ Il lui manque le budget, ou la dépense n'était pas prévue. Dans ce cas il faudra vendre un financement éventuel.

Exemple

Vendeur *Trop cher ? Qu'est-ce que vous entendez par là ?!*

Client Eh bien, je sais bien que vos concurrents proposent le même produit pour beaucoup moins cher que vous !

Vendeur *Puis-je vous demander de quel appareil il s'agit ? Quel prix vous a-t-on proposé ?*

192 « MIS A PART LE PRIX »

▶ Avant de discuter du prix, il convient de s'assurer de l'attitude du client :
– Peut-il et veut-il prendre maintenant une décision ou est-il en train de vous faire perdre du temps ?
– A-t-il parfaitement compris le volume de la commande ou l'objet de la négociation ?

▶ Il s'agit donc de « préclore » l'entretien. À ce stade, attendez absolument l'accord du client. S'il n'est pas entièrement convaincu, il faut commencer par l'interroger sur ses hésitations et reprendre votre argumentation.

Exemple

Vendeur *Monsieur X, dois-je comprendre que si nous nous mettons tous les deux d'accord sur le prix, vous pouvez me donner ici même votre commande ?*

Client Bien sûr !

Vendeur *Il s'agit bien de la variante M avec les accessoires supplémentaires qui sont déjà compris dans le prix ?*

193 TRAITEZ L'OBJECTION

▶ **Le client n'a pas une conscience précise de la valeur du produit** : comparez le prix à l'ensemble des avantages de votre produit.

▶ **Il vous trouve trop cher par rapport aux concurrents** : comparez le supplément de prix au supplément d'avantage.

▶ Pour cela, utilisez les 4 opérations :

L'addition	Rappelez, les uns à la suite des autres, tous les avantages dont bénéficiera votre client en les lui faisant approuver
La soustraction	Retirez successivement des avantages pour faire descendre votre produit au niveau du prix souhaité par votre client. Cette technique, un peu frustrante pour lui, permet de lui faire prendre conscience de la valeur de chaque avantage
La multiplication	Multipliez artificiellement la valeur du produit par le nombre d'utilisations ou par des unités de temps
La division	Divisez le prix par le nombre d'utilisation ou par des unités de temps. Cela lui donnera moins de poids

Exemples

Cas de la multiplication

Cas 1 - Le client n'a pas une idée précise de la valeur du produit.

Vendeur *La consommation de ce moteur industriel est de 15 % inférieure à celle des autres. Pour votre consommation qui est de 10 000 litres à 0,4 €, vous réalisez chaque année une économie de 1 500 fois 0,4 égale 600 €. Soit sur les dix ans de durée de vie du moteur, 6 000 €. C'est également une somme, n'est-ce pas ?*

Cas de la soustraction

Cas 2 - Il vous trouve trop cher par rapport aux concurrents.

Vendeur *M. X, je connais bien ce modèle. C'est d'ailleurs une excellente voiture. Mais notre Métane a un moteur à six cylindres. La voiture dont vous parlez se contente d'un quatre cylindres et de performances plus modestes. Et les performances étaient un critère important pour vous, n'est-ce pas ? Si on vous enlève aussi l'autoradio HIFI et la climatisation, on peut vous proposer un modèle équivalent à celui dont vous parlez... et pour moins cher encore ! »*

194 CONTRÔLEZ POUR CONCLURE

Contrôlez le traitement de l'objection par une question. Puis concluez si le client manifeste son accord.

Exemple

Vendeur **Cas 1** « *Vous trouvez tout cela vraiment cher ?* »

Cas 2 « *Mais est-ce bien le véhicule que vous désirez posséder ?* »

Vendeur « *Eh bien... il ne nous reste plus qu'à signer le bon de commande...* »

20 CONCLUEZ L'ACCORD

201 GUETTEZ LES SIGNAUX D'ACHAT

► Une conclusion prématurée risque d'attirer les objections du client. Si votre argumentation a porté, votre client va manifester de façon explicite ou le plus souvent implicite son projet d'achat.

► À la fin de l'argumentation, attendez donc un signal d'achat de sa part avant de reformuler les avantages acceptés. Soyez attentif au paraverbal !

Exemple de signaux d'achat

Phrase ou attitude	Signal d'achat
« Oui cela me semble intéressant. »	oui
Le client se replonge dans la documentation.	oui
« Et le prix ? »	oui
« J'ignorais qu'il était disponible en trois couleurs. Faites voir… »	oui
« Êtes-vous sûr que cela va me permettre de doubler mes cadences ? »	oui
Le client se recule et se met à tripoter des objets sur la table.	non
« Pouvez-vous me livrer la semaine prochaine ? »	oui
« Cela ne m'intéresse pas. »	non
« Une vitesse pareille, cela m'étonnerait ! »	non
« Si j'en prends trois, vous m'accorder 10 % de remise ? »	oui
Le client sourit et s'avance sur sa chaise.	oui
« Ce n'est pas moi le responsable des achats. »	non
« C'est trop cher ! »	non

202 PROPOSEZ UNE CONCLUSION

2021 Reformulez d'abord les avantages acceptés

► Aidez le client à formuler sa décision : reformulez tous les avantages acceptés par le client et contrôlez.

► Cherchez l'accord, même partiel. Et parlez bien en termes de satisfactions pour le client.

Exemple

Vendeur *Récapitulons ensemble, M. X. Nous sommes bien d'accord que grâce à notre produit vous pourrez… ?*

De plus vous bénéficiez de… ce qui vous assure… n'est-ce pas ?

Enfin le ... vous permettra de ... Nous sommes d'accord ?

2022 **Proposez ensuite la conclusion**

Vous pouvez maintenant proposer la conclusion. Concluez directement ou facilitez la décision à votre client en supposant son accord implicite.

▶ **Conclusion directe** : proposez tout simplement par une question directe de remplir le bon de commande.

▶ **Conclusion implicite** : considérez la vente comme faite et de discuter d'un point de détail comme s'il était l'élément central de la décision.

> **Exemple**
> Proposez un produit complémentaire que le client pourra refuser, acceptant du même coup le produit principal.

▶ **Conclusion alternative** : comme dans la conclusion implicite, considèrez la vente comme faite et proposez deux solutions au choix.

> **Exemple**
>
> **1. Conclusion directe**
> ***Vendeur*** *Eh bien, M. Jean, il ne nous reste plus qu'à signer le bon de commande…*
>
> **2. Conclusion implicite**
> ***Vendeur*** *Vous prenez également l'assurance annulation ?*
>
> **3. Conclusion alternative**
> ***Vendeur*** *Vous réglez par chèque ou par traite ?*

2023 **Contrôlez**

Laissez le client réfléchir : taisez-vous et attendez l'acceptation de la conclusion. Si le client refuse la conclusion, sondez sur le problème et traitez l'objection.

203 LES « PLUS » COMPORTEMENTAUX

✚ Soyez déterminé et offensif. Si votre client trouve votre conclusion prématurée, il vous le fera comprendre. Il faudra alors revenir à la découverte pour comprendre la raison de son refus.

✚ Essayez toujours de pousser la vente : en vendant plus, en vendant des produits associés, en vous faisant recommander auprès de relations de vos clients.

21 REMPLISSEZ LE BON DE COMMANDE

211 QU'EST-CE QU'UN BON DE COMMANDE ?

Le bon de commande est un contrat qui lie deux parties : l'acheteur qui s'engage sur la commande et le vendeur sur ses conditions de réalisation.

Exemple : le bon de commande

Société x — SARL au capital de 50 000 F
10, rue Millard
75017 PARIS **1**
SIREN 2451 2 94 9000 75
CRÉDIT LYONNAIS 807 25 456 H PARIS

BON DE COMMANDE n° 969 **2**
Date : 26/10/0.
N° Client : 411 234

LIVRAISON **3**
LEFEUVRE SARL
74, rue E. Zola
75 012 PARIS

FACTURATION **4**
LEFEUVRE SARL
74, rue E. Zolka
75 012 PARIS

LIVRAISON *Livraison le 06/11/0.* **5**
Type : SERNAM
Colis : 2
Mode : *Franco*

RÈGLEMENT **6**
Mode : *30 % à la commande*
solde : L.C. à 30 jours jointe pour accepatation
Domiciliation : CRÉDIT LYONNAIS 807 23 456 H PARIS

N°	Ref.	Désignation	Qté	P.U. HT	Montant
1	*4501*	*Rametttes de 500 feuilles 80g*	*40*	*5,00*	*200,00*
2	*2241*	*20 chemises à rabats*	*6*	*25,00*	*150,00*
3	*7545*	*Boîtes classeur*	*3*	*2,50*	*7,50*
		Brut HT			*337,50*
		Remise 10%			*35,75*
		Net HT			*321,75*

7

Reçu chèque n° 00759476
Montant : 115,43 pour acompte **9**
RIB pour lettre de change : 30003 / 001525 / 000004563254 / 78

TVA 19,60 %	*63,06*
Net TTC	*384,81*
Acompte 30 %	*115,43*
Net à régler	*269,67*

8

Signature du vendeur **10**
Albert

Signature et cachet du client
Jean pierre Dumeyeur

1 Identification de l'entreprise émettrice de la facture (SIREN : identification INSEE de l'entreprise)
2 Identification de la commande
3 Adresse de livraison
4 Adresse de facturation
5 Mode de transport et tarification
6 Mode de règlement
7 Corps de la facture
8 Calcul du net à payer et éventuellement de la TVA et de l'acompte
9 Informations complémentaires sur la vente
10 Signature du client et du vendeur

212 TENEZ COMPTE DE LA TVA...

► La TVA est une taxe proportionnelle qui majore le net à payer par le client. Pour la calculer, on applique un taux de TVA au net à payer HT.

TVA = HT x taux
TTC = HT + TVA

► À l'heure actuelle, il y a deux taux : le taux normal : 19,60 % et le taux réduit : 5,5 %.

213 ...ET DES CONDITIONS COMMERCIALES

Rabais	Réduction accordée pour tenir compte d'un défaut
Remise	Réduction accordée du fait de la taille de la commande, de l'importance du client ou de son statut (familles nombreuses)
Ristourne	Réduction accordée en fin d'année par exemple pour tenir compte du volume d'achat
Escompte	Réduction accordée lorsque le client règle avant le terme normal. Il se calcule sur le net commercial après rabais, remise et ristourne
Acompte	Versement effectué à la commande pour réserver la vente. L'acompte se déduit du montant à payer

214 LES « PLUS » COMPORTEMENTAUX

+ Quand vous remplissez le bon de commande, explicitez-en bien le contenu à votre client et faites les calculs avec lui.

+ Lorsqu'il y a un acompte à la commande, indiquez le montant de l'acompte reçu et n'oubliez pas de réclamer le chèque.

+ Lorsqu'il y a règlement par traite, demandez le RIB (Relevé d'identité bancaire) du client.

+ Faites bien figurer tous les engagements que vous prenez vis-à-vis de votre client (date de livraison, etc.).

+ Laissez le double du bon de commande au client.

215 LES OUTILS DE LA CONCLUSION

- **Bon de commande ou devis** : pour enregistrer l'accord.
- **Calculatrice** : pour évaluer le bon de commande.

22 PRENEZ CONGÉ

221 VOTRE OBJECTIF

Votre client vient de prendre une décision et il ne sait pas encore si elle est bonne ou mauvaise. Alors, rassurez-le : comportez-vous comme un professionnel crédible, mettez la vente en place et préparez vos relations futures.

222 LES ÉTAPES

2221 Rassurez le client

Votre client vient de signer mais il n'est pas nécessairement certain d'avoir pris une bonne décision. Alors rassurez-le en lui rappelant les bénéfices essentiels qu'il va retirer de l'usage de votre produit. Pratiquez l'empathie en le félicitant sur son choix.

Exemple

Vendeur *Bien. Je vous remercie, M. Dubois. Vous avez pris la bonne décision : cette solution est parfaitement adaptée à vos besoins et va vous faciliter grandement la vie.*

2222 Mettez ensuite la vente en place

- Évitez au client l'angoisse de voir disparaître le vendeur avec le bon de commande et le chèque sans autre formalité.
- Rassurez-le ensuite sur vos intentions en mettant vous-même en place la vente de façon détaillée et en assurant un contact ultérieur facile.
- Laissez-lui la documentation pour qu'il puisse rêver de son produit et rappelez lui qu'il a votre carte de visite et qu'il peut vous contacter sans difficultés.
- Évitez surtout à ce stade de parler de problèmes éventuels.

Exemple

Vendeur *Voici notre charte de service. Elle vous expliquera par le détail tout ce que vous êtes en droit d'exiger de nous. Notre numéro vert d'appel figure ici… Je viendrai moi-même vous livrer avec le technicien-monteur. Demain. Disons à ... 10 heures ?*

Client D'accord. 10 heures.

Vendeur *Si vous pouviez être présent, ce serait parfait. Nous installerons l'appareil avec une cartouche de toner fournie gratuitement. Si votre secrétaire pourrait être également présente, ainsi que quelques enseignants, je leur montrerai le fonctionnement de l'appareil. Cela ne prend q'un quart d'heure. C'est très simple.*

Client D'accord.

Vendeur *Voilà. Vous avez ma carte. Vous pouvez me contacter à tout moment si vous avez des questions à me poser. Je vous laisse également la documentation. Vous pourrez ainsi voir où installer votre nouveau copieur.*
Est-ce que tout est clair ?

Client Oui, parfaitement.

2223 **Prenez congé**

Il s'agit maintenant de partir, sans hâte mais sans traîner. Pensez au temps de votre client... Soyez calme et chaleureux.

Exemple

Vendeur *Au revoir, M. Dubois, merci pour votre accueil. Je vous souhaite une bonne fin de journée et je vous dis à demain...*

Client À demain.

223 LES OUTILS DE LA PRISE DE CONGÉ

- **Documentation commerciale** : à laisser au client pour le faire rêver.
- **Agenda** : pour prendre rendez-vous pour la livraison.
- **Carte de visite** : à laisser au client pour lui permettre de vous contacter facilement.

224 LES « PLUS » COMPORTEMENTAUX

+ Prenez rendez-vous pour la livraison, ou pour un bilan après vente avec votre client.
+ Pensez à glaner les coordonnées de nouveaux prospects parmi les relations de votre acheteur.
+ Remerciez votre client pour son accueil ou le travail réalisé ensemble, jamais pour la commande.
+ Laissez-lui quelque chose pour rêver : une documentation, un exemplaire du produit, des échantillons, etc.
+ Ne vous attardez pas. Ce n'est pas le moment de parler de la pluie et du beau temps.

INDEX

ISBN : 2-216-09291-6

N° d'éditeur 45427 – Mai 2004 – 02 – FM/SM/FG
Imprimé en France par EUROPE MEDIA DUPLICATION S.A.
53110 Lassay-les-Châteaux
N° dossier : 12063